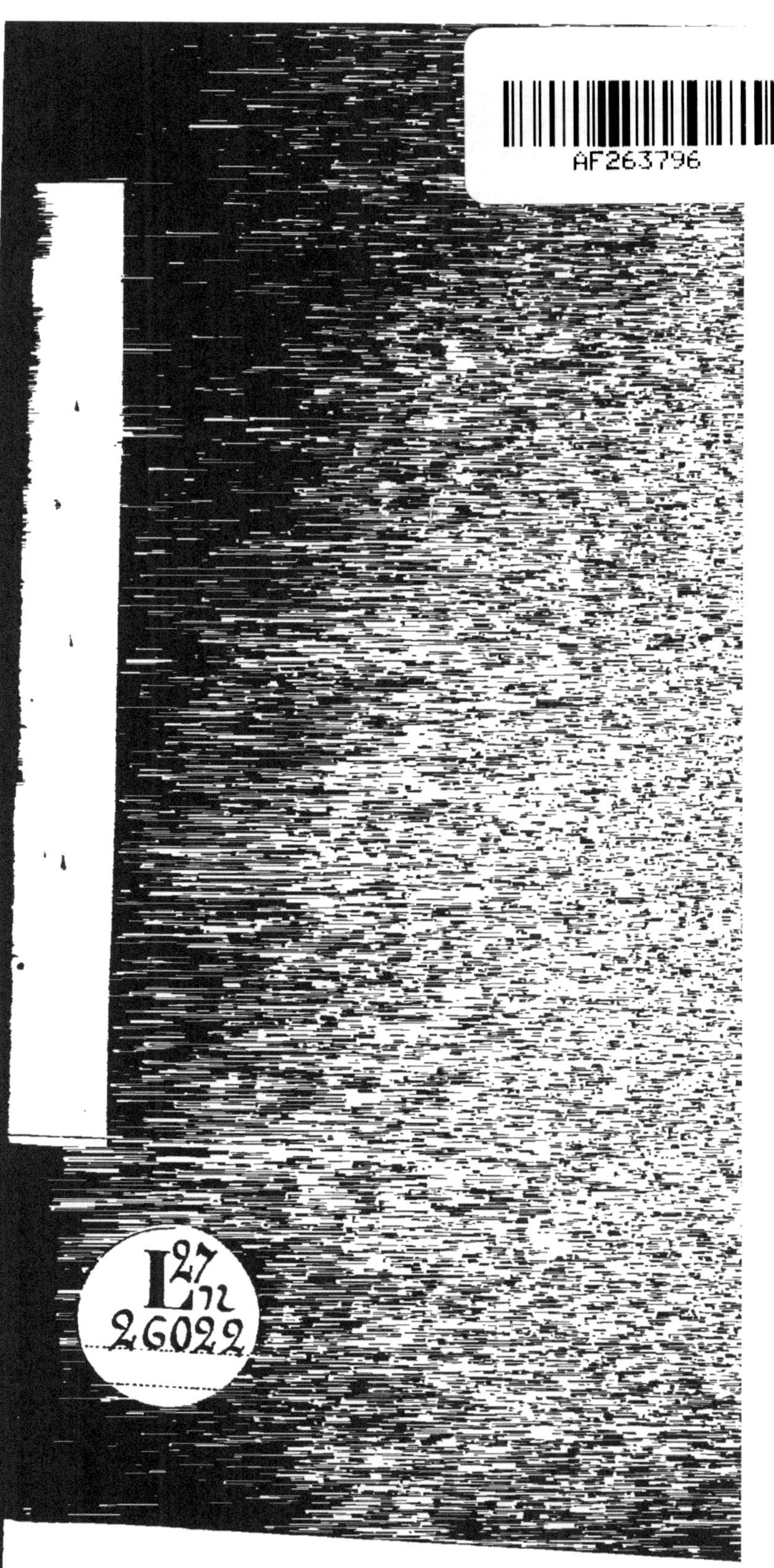
AF263796

A LA MÉMOIRE

DE

FRANCISQUE BAUDRAND

Licencié en droit

caporal au 59ᵉ régiment de marche

MORT POUR LA PATRIE

LE 20 DÉCEMBRE 1870

LYON

IMPRIMERIE DE FÉLIX GIRARD

Rue Saint-Dominique, 13

ÉLOGE FUNÈBRE

DE

FRANCISQUE BAUDRAND

Lieutenant en second, caporal au 59e de marine
mort pour la patrie

PRONONCÉ DANS L'ÉGLISE DE SAINT-GEORGES DE LYON

Le 11 avril 1871

PAR

LE R. P. LAUR. LÉCUYER

VICAIRE GÉNÉRAL DU TIERS-ORDRE ENSEIGNANT DE SAINT-DOMINIQUE

LYON

IMPRIMERIE DE FÉLIX GIRARD

Rue Saint-Dominique, 13

—

1871

Mes Frères,

Le 17 décembre 1870, après une des plus longues et des plus rudes nuits de ce terrible hiver, on releva, entre Vendôme et Châteaudun, sur le territoire de Morée, un jeune caporal du 59e de marche qu'une balle prussienne avait frappé à la jambe, et qui gisait dans la neige depuis la veille au soir. Il fut emporté dans une auberge du village, et c'est là qu'après trois jours de souffrances il rendit le dernier soupir. Le cimetière lointain qui avait recueilli sa dépouille vient de nous la restituer ; des mains pieuses autant que fidèles l'ont rapportée au milieu de nous, afin que la tombe de famille ne perde rien de son trésor. Et maintenant, mes Frères, on nous demande nos prières pour l'âme de notre très-aimé et très-regretté Francisque Baudrand.

Nous sommes venus : non seulement sa famille selon la chair et les amis nombreux qui entourent cette famille de leur respect et de leur sympathie ; non seulement sa famille selon l'esprit, je veux dire ses maîtres, qui le regardaient comme leur ami, et ses camarades, qui le considéraient comme leur modèle ; mais une assemblée que cette grande cité semble avoir choisie dans tous les rangs pour rendre à son jeune fils un hommage plus solennel. Les premiers et les derniers s'y rencontrent : le prêtre qui donnait ses conseils, le riche qui donnait sa protection et son secours, le pauvre qui fut soulagé dans les misères de son corps et de son âme, l'enfant qui fut encouragé et assisté, le jeune homme qui sentit un jour ce que vaut le dévouement véritable, le soldat-citoyen qui comprend une telle mort et qui tient à l'honorer, tous sont venus apporter à ce cercueil leur prière et leur couronne, et faire au militaire obscur, au légiste inconnu des funérailles que pourraient envier un chef d'empire et un général victorieux. Pourquoi donc tant de sympathies à celui qui fuyait le monde et l'éclat des relations éphémères? Pourquoi tant de respect pour celui qui, mort à vingt-sept ans, n'eut pas même le temps d'aspirer aux honneurs que lui réservait la vie publique? Pourquoi tant de couronnes au soldat improvisé qui tomba sur le champ de bataille avant d'avoir tiré son premier coup de fusil contre l'envahisseur ?

Ah ! mes Frères, disons ici, disons tous et sans crainte toute notre pensée. Ce qui nous attire, ce que nous voulons glorifier dans les funérailles de Francisque Baudrand, c'est son âme ! Il avait une grande âme, une âme de chrétien ! En cet âge de corruptions et de honteuses tristesses, il était demeuré pur et

joyeux comme un jour de printemps. En cet âge d'égoïsme et
de lâcheté, il s'est montré charitable jusqu'à l'excès et dévoué
jusqu'à la mort. Tous tant que nous sommes, nous avions rêvé
de rencontrer un jour le vrai chrétien, le jeune homme idéal
que nous révèle la Vie des saints et des martyrs, virginal comme
Agnès, fort comme Maurice ou Sébastien ; celui qui, *consommé
rapidement, remplit en peu d'années une longue carrière* (1) ;
celui qui, n'ayant pas à soutenir jusqu'au bout la longue bataille des passions, peut mourir *agréable à Dieu et aux hommes, et laisser une mémoire en bénédiction* (2). Le voilà, cet
idéal de nos rêves : il repose en ce cercueil, et, tandis que nous
prions pour lui sur la terre, il nous répond déjà sans doute en
priant pour nous devant le trône du Seigneur.

Personne à Oullins n'a oublié Francisque. Quand il nous
vint, en octobre 1856, c'était un aimable enfant de douze
ans dont le regard promettait une remarquable intelligence
et une admirable pureté de cœur. A mesure qu'on descen-
dait en cette âme, on y trouvait des trésors plus profonds,
trésors d'honneur recueilli au sein d'une de ces vieilles familles lyonnaises qui seraient la gloire de notre pays si notre
pays songeait encore à ses anciennes gloires, trésors de piété,
tels qu'une mère aimante et sainte les dépose avec son lait et
ses premières paroles au plus profond du cœur de son fils. Divine semence, et tombée dans une terre féconde ! Le collége fut
pour Francisque une continuation de la famille. Il la retrouvait
dans son frère, qui fut son professeur de philosophie. Il la re-

(1) Sap., iv, 13.
(2) Eccli., xlv, 1.

trouvait dans un supérieur tout dévoué à son âme, et avec qui il traita, jusqu'à la fin, comme un fils traite avec son père. Il la retrouvait, je puis le dire, en nous tous, qui le regardions comme un jeune frère, et qui, sentant ce que valait cette âme, travaillions à l'envi à la grandir et à la sanctifier. Quand il nous quitta, couvert de toutes les couronnes et muni de tous les diplômes que peut conquérir une belle intelligence fécondée par un travail consciencieux, il nous sembla que notre maison perdait quelque chose de sa joie et que nos années allaient être privées de leur printemps. Mais aussi, en considérant ce jeune chrétien qui rentrait dans le monde, nous songions à l'idéal du philosophe de Genève, « le jeune homme de vingt ans qui a « gardé son innocence, et qui est, à cet âge, le plus aimable, le « plus généreux de tous les hommes. »

Elles étaient grandes, mes Frères, les espérances que nous avions conçues sur cette âme d'élite, et il nous a été donné de les voir dépassées par la réalité. Cette première et si dangereuse transition du collége aux libertés de la vie de famille, cette autre transition, plus dangereuse encore, de la vie de famille à la vie d'étudiant dans la grande capitale, Francisque les a franchies sans nous laisser même soupçonner qu'elles renfermassent pour lui une difficulté ou un péril. Sur les bancs de l'Ecole de Droit comme en son étude de notaire, on le retrouvait tel que nous l'avions connu dès son enfance, exact et fidèle à tous ses devoirs, studieux et intelligent, empressé en même temps que paisible, enjoué dans la parole et sérieux dans l'intime du cœur. Comme tous les fils d'Adam, il avait à soutenir sa part des luttes qui font l'homme vertueux ; mais c'était un lutteur loyal et vaillant, et sa vie, qu'il consumait en efforts généreux contre lui-même, semblait être aux yeux de tous la fête perpétuelle dont parle l'Ecriture : *Secura mens quasi juge convivium* (1). Personne mieux que lui ne se conformait à ce portrait du chrétien aimable autrefois tracé par saint Paul : *Réjouissez-vous dans le Seigneur, soyez toujours et toujours joyeux ; que votre modestie soit visible à tous les hommes à cause de Dieu qui est présent. N'ayez point d'inquiétudes : votre prière, vos supplications, mêlées d'actions de grâces, diront vos soucis au Seigneur ; et la paix de Dieu, qui surpasse tout sentiment, gardera votre cœur et votre intelligence en Jésus-Christ. Du reste, tout ce qui est vrai, tout ce qui est pur, tout ce qui est juste, tout ce qui est aimable, honorable, vertueux, conforme au devoir, vous pouvez le penser, vous y complaire et l'accomplir, et le Dieu de paix sera avec vous* (2).

Oui vraiment, Dieu était avec lui, Dieu l'aimait. Et le monde aussi l'a aimé. Comment en eût-il été autrement? Quand on rencontre sur sa route une fleur fraîchement éclose dont le calice s'épanouit largement et dont le parfum embaume l'atmosphère, comment ne pas s'en approcher? comment ne pas s'en souvenir ? Il faut demander plutôt comment ce jeune homme, aimé, ardemment aimé de tous ceux qui l'ont connu, désiré, envié, regretté par le monde, a pu traverser sans tache un milieu plein de périls. Là où tant d'autres, moins brillants, moins agréables que lui, font chaque jour de si tristes chutes, comment s'est-il conservé intact et immaculé?

Je veux le dire, mes Frères, moins pour l'honneur de notre cher défunt que pour votre édification à vous tous, jeunes gens qui devez lui survivre et qui voulez honorer son souvenir : comme sauvegarde contre les mauvaises tentations, il arma son cœur de tous les amours que Dieu bénit.

<hr>

(1) Prov., xv, 15.
(2) Phil., iv, 4.

Il eut l'amour de la famille. Il chérissait tous les siens, depuis sa mère, pour laquelle il avait une sorte de culte, jusqu'à la dernière venue de la maison paternelle, cette jeune sœur dont il sauvait la vie quand il avait six ans, et à laquelle il garda toujours sa plus vive, sa plus profonde tendresse. Pour eux il était prêt à tout, même à sacrifier, nous le savons, tous les rêves, généreux de son avenir; car leur joie était sa joie, leur bonheur son bonheur, et quand il sentait la paix de Dieu dans leur âme, son âme à lui tressaillait d'une allégresse sans nom, comme si elle touchait par avance les rivages de l'éternité.

Il eut le culte de l'amitié. On vit pour lui, non pas une fois, mais bien des fois, se réaliser à quelque degré le mot qui fut dit de Grégoire et de Basile : « Ils n'avaient qu'un cœur et qu'une âme, et ils ne savaient que deux chemins, celui de l'église et celui de l'école. » Fils d'un siècle plus tourmenté ou plus charitable, Francisque et ses amis en ont appris et bien connu un troisième, celui de la demeure où le pauvre cache ses douleurs. Leur union, née de la vertu, ne cherchait que le règne de Dieu. Ils priaient ensemble, ils échangeaient leurs pensées intimes, ils étudiaient les mêmes livres, poursuivaient les mêmes desseins, entreprenaient les mêmes œuvres. Rappelez-vous, mes Frères, les folies de ces dernières années, tant d'intelligence dépensée en pure perte, tant de richesses abîmées dans des débauches insensées, tant d'âmes de jeunes hommes sur qui la patrie avait des droits et dont elle n'a plus retrouvé que l'ombre impuissante. Eh bien! en ce même temps, d'autres jeunes hommes travaillaient et cherchaient ensemble, à la lueur de l'Evangile, par quels efforts on pourrait éclairer, élever, consoler les malheureux de notre pays. Francisque était l'âme de ces réunions fraternelles ; il y apportait sa foi, sa gaîté communicative, ses conseils de légiste et son cœur prêt à tout pour le bien. Mais l'amitié elle-même, eût-elle été encore plus tendre et plus active, n'aurait pas suffi à un si grand cœur : il avait la piété.

Je n'essayerai pas, mes Frères, de vous dire avec détail quel genre de piété avait notre cher Francisque. Pour lui, en pareille matière, il n'y avait ni nuances ni particularités ; c'était le chrétien des premiers âges qui va « tout droitement et tout bellement » au Sauveur, et que rien n'arrête en chemin, sinon le devoir de saluer et d'invoquer sa divine Mère. Il priait tous les jours avec les mêmes formules auxquelles on avait accoutumé son enfance. Il méditait un peu, il lisait tous les livres édifiants. Il ne négligeait pas une seule occasion de se vaincre lui-même, faisant consister la vertu en cette victoire quotidienne, comme tous les saints l'ont fait avant lui ; et chaque semaine, quoi qu'il arrivât, il se confessait et communiait exactement. « Car voilà, disait-il à l'un de ses amis, le moyen suprême et « infaillible : l'aliment de la piété, l'aliment de la pureté, c'est « la communion fréquente. Pour moi, quand la semaine touche « à son terme, je sens que j'en ai besoin, et quand j'ai rempli « ce devoir, je sens que je puis affronter l'avenir et suffire à « toutes mes entreprises. »

Or ses entreprises étaient grandes. Avec les menus plaisirs d'un écolier, la pension exiguë d'un étudiant sérieux ou les modestes appointements d'un clerc de notaire, il lui fallait satisfaire la plus exigeante comme la plus noble des passions, celle de la charité. Car l'instinct et en quelque sorte le génie de notre cher Francisque, ce fut, mes Frères, l'amour des pauvres, mais l'amour véritable, celui qui ne recule devant rien, et qui met, s'il le faut, sa vie entière à leurs pieds. Tel il était à Oullins, confrère d'abord, puis président de notre humble conférence, où il semblait avoir apporté l'ardeur et l'esprit d'Ozanam ; tel on l'a revu à Lyon quand, devenu libre de sa personne, il s'empressait de la remettre tout entière au service des pauvres. Etudiant à Paris, son premier soin fut de s'agréger à une conférence, et son devoir le plus sacré fut toujours d'être pour les malheureux un secours et un conseil. Cet élève de l'Ecole de Droit qui n'a jamais manqué un cours, et dont les examens ont laissé le souvenir d'un travail sans intermittences et d'une gloire sans tache, avait pourtant à part lui quelque chose de plus cher que l'étude : il aimait les familles que saint Vincent de Paul lui avait confiées. Une surtout avait attiré ses plus vives sympathies ; il y avait mis toute son âme, et il voulait toutes les âmes en retour. Au commencement de l'année, on le surprenait les poches pleines de jouets destinés aux petits enfants de la maison. Vers Pâques, il multipliait ses visites, et il y dépensait une éloquence de plus en plus pressante, cette éloquence vivante dont parle le P. Lacordaire, « où la vérité se reconnaît sous les livrées de l'amour. » Enfin il triomphait de tous les obstacles, tous ses protégés étaient redevenus chrétiens. Mais, outre son temps, il avait mis à cette bonne œuvre ses dernières épargnes, et la chère famille n'était pas encore à l'abri du besoin. Il s'ingéniait alors à trouver des ressources nouvelles, se préoccupant de chercher pour lui-même une besogne supplémentaire, des actes qu'il copierait la nuit, afin de procurer à ses enfants d'adoption le bénéfice d'une journée de travail.

De retour à Lyon, il reprit toutes les bonnes œuvres de sa première jeunesse ; seulement, comme s'il comprenait que sa vie serait courte et qu'il fallait remplir surabondamment ses heures, il ajouta à son travail professionnel, travail dont son digne patron ne parlait jamais qu'avec la louange émue qui vient du cœur, tous les ministères que peut remplir un homme instruit quand il se dévoue au service de Dieu. S'agissait-il de fonder parmi les jeunes gens de son âge un cercle littéraire (1), il y contribuait par son initiative, et au besoin par des travaux sérieusement étudiés. S'agissait-il de donner aux pauvres menacés d'un procès une consultation bénévole, on pouvait compter sur sa science jeune encore, mais déjà estimée des meilleurs juges (2). Toutefois, mes Frères, à cette âme si tendre il fallait une famille qu'elle pût compter et étreindre ; à ce cœur apostolique sans le savoir il fallait une mission. La famille et la mission se trouvèrent dans une œuvre encore peu connue : la Maison de patronage pour les jeunes apprentis (3).

Enfantée par le zèle charitable et persévérant du regrettable M. Bermond aîné, soutenue par M. Henri Evrard, une autre victime tombée glorieusement sous les murs de Belfort, l'œuvre du patronage existait, en principe du moins, lorsque Baudrand en prit, sous plusieurs rapports, la direction effective. On peut dire qu'il lui apporta une vie nouvelle et pleine d'ardeur. Là, en effet, nous le voyons déployer toutes les brillantes, toutes les aimables qualités de sa nature. Administrateur tour à tour prudent et et audacieux, il dilate les tentes de sa nouvelle famille et multiplie pour elle l'espace et le jour. Camarade agréable autant que dévoué, il se montre prêt à tous les jeux comme à tous les services. Directeur zélé pour le bien

(1) Le cercle Ozanam, fondé par une société de jeunes catholiques et dirigé par d'éminents professeurs de la Faculté des lettres. Francisque Baudrand fut l'un des promoteurs de cette réunion ; il y lut entre autres un remarquable travail sur les œuvres de J.-J. Rousseau.

(2) OEuvre de la Sainte-Famille, dirigée par M. Gabriel Perrin, avocat.

(3) Rue des Chartreux, 1, à Lyon.

des âmes, il tient par dessus tout à les édifier : c'est à elles
qu'il réserve l'exemple de sa communion hebdomadaire ;
c'est à elles aussi qu'il adresse ces allocutions nées du cœur.
qu'il ne prononçait et qu'on ne redit guère sans pleurer. Il
voulait, c'est lui qui nous le dit dans un rapport touchant,
« prendre l'enfant du peuple au début de sa carrière d'ou-
« vrier, alors que son intelligence et son cœur sont encore
« neufs, simples et bons ; le préserver de l'impiété en même
« temps que de la misère ; lui apprendre ses devoirs en même
« temps que ses droits ; » faire de lui, en un mot, ce citoyen
qui n'est digne de son titre qu'à la condition d'être chrétien.

Survint alors dans notre histoire une époque sinistre où les
obligations du citoyen et celles du chrétien se confondirent
dans un seul et même devoir, marcher au secours de la patrie.
Pour notre cher Francisque, c'était d'un seul coup la chute de
toutes ses espérances, le renoncement à toutes ses affections.
Sa carrière était tracée, sa position exceptionnellement honorable, sa famille fière et heureuse par lui ; et puis le patronage
qui marchait si bien, et puis, parmi les pauvres du quartier,
cette persuasion, vraie d'ailleurs, que leur jeune bienfaiteur,
par sa vie entière, accomplissait surabondamment son devoir
patriotique. « Monsieur Francisque, disait l'un d'eux, je suis
marié et père de famille ; promettez-moi seulement de continuer à veiller sur les miens, et je serai soldat à votre place. »
Mais notre ami avait du devoir un sentiment trop strict et trop
généreux pour hésiter devant la dette suprême. Un jour d'octobre, son frère (1), qui l'avait précédé sur les champs de ba-

(1) Le R. P. Dominique Baudrand, religieux du Tiers-Ordre-Enseignant de
Saint-Dominique

taille en se dévouant, comme aumônier, dès le début des hosti-
lités, reçut à Sedan uue lettre de Francisque, qui écrivait peu ;
elle était ainsi conçue : « Tu sais combien mes goûts sont peu
« militaires ; eh bien ! depuis hier je suis soldat, engagé volon-
« taire dans le 37ᵉ de ligne. Dieu le veut ! écrivait-il encore,
« c'était le cri des croisés ; que ce soit encore celui des défen-
« seurs de la France avilie et foulée aux pieds. Sachons atten-
« dre, et en attendant faire notre devoir sans faiblir. »

Il partit en effet, mais non pas seul. Trois amis s'enrôlaient
avec lui dans le même régiment, afin de garder ensemble leur
dignité et leur vertu de chrétiens. Deux sont revenus intacts
de cette moisson sanglante, le troisième a failli payer de sa
vie l'honneur d'avoir vaillamment combattu. Francisque seul
est resté sur le champ d'honneur. « C'était, disent ses compa-
gnons, le meilleur d'entre nous, et il n'est pas étonnant que
Dieu l'ait choisi pour victime. » En attendant, et sans se dou-
ter de l'avenir, Francisque se donnait tout entier à sa vie nouvelle. Il la trouvait bien un peu rude : en beaucoup de choses
elle choquait la délicatesse de ses habitudes, en beaucoup d'autres le langage des camps froissait sa religion ; mais il gardait
son courage, sa sérénité et cet entrain plein de charme qui fut
toujours un des traits saillants de sa vertu. Il avait du reste des
jours heureux au milieu de ses peines. A Notre-Dame de la
Garde, « il s'abandonnait corps et âme aux volontés de Dieu. »
De Nice il écrivait à sa sœur : « Aujourd'hui c'est la fête de la
« sainte Vierge. Par un providentiel hasard, j'ai pu m'échap-
« per de la caserne pour aller me jeter au pied de l'autel, où
« j'ai reçu Celui qui tient nos vies entre ses mains. Maintenant
« je me sens fort, j'ai confiance et bon espoir. En tout cas,
« j'aurai la joie d'avoir rempli mon devoir. »

Et cette page que je cite tout entière, parce qu'elle exprime

admirablement les pensées qui dominaient l'âme du jeune soldat : « Dimanche matin, j'ai été commandé pour monter la
« garde dans une position charmante, qui domine entièrement
« Nice et la mer. Aussi ces vingt-quatre heures qui viennent
« seulement d'expirer m'ont-elles paru très-courtes : je ne pou-
« vais me rassasier de ce spectacle, qui changeait à chaque
« instant. Le jour, c'était la mer brillante, étincelante au so-
« leil, et Nice, toute gracieuse entre les montagnes qui l'entou-
« rent au nord et les flots qui viennent se briser à ses pieds.

« La nuit, tout change. La ville est dans le silence; on n'en-
« tend plus que le grondement de la mer que l'on aperçoit à
« peine. Au milieu de la brume plus épaisse, on ne voit plus
« que le ciel bleu et tout constellé. L'homme disparaît alors;
« il se sent petit devant son Créateur, dont ce spectacle révèle
« la grandeur et la toute-puissance. C'est alors que mon âme
« vivement émue s'est adressée à Dieu directement et avec ar-
« deur. Seul au milieu de la nuit, sur mon rocher escarpé qui
« dominait la mer et qui était en quelque sorte perdu dans le
« ciel, je l'ai prié pour la France, cette pauvre France qui gît
« sanglante et délaissée; je l'ai prié pour l'Eglise, pour Lyon,
« pour toute la famille, pour toi, ma bonne sœur, pour notre
« pauvre mère, — non, j'ai tort, — pour notre bonne et heu-
« reuse mère qui prie pour nous et nous protége du haut du
« ciel. »

« Nuit charmante, ajoute-t-il, et trop vite écoulée! » Oui,
vraiment, trop vite écoulée, si l'on songe surtout à l'autre nuit
qui se préparait pour notre pauvre enfant.

A partir de ce moment, les événements se précipitent. Le
nombre, la force, la science, les éléments eux-mêmes combat-
tent contre nous. La France décrète en vain des armements
nouveaux, elle ne sait plus commander à la victoire. Pourtant

les hommes ne manquent pas ; ce qui manque plutôt, c'est le temps : nos bataillons, formés et armés à la hâte, ne sont encore ni prêts à combattre, ni résignés à mourir.

Dès que Francisque sut manier une arme, on le jugea suffisamment instruit, et il dut échanger les rivages de Nice, avec leurs palmiers, leur mer étincelante, leurs soirées paisibles où la prière était douce comme l'encens, contre les plaines de la Beauce, ensanglantées déjà par vingt combats, et que la neige couvrait alors comme un vaste linceul. Pendant cinq ou six jours, on y chercha un ennemi insaisissable. On l'atteignit enfin : c'était au bourg de Morée. Le soir du 16 décembre, quelques compagnies du 59e de marche (1) attaquaient les Prussiens. Francisque était du nombre des assaillants, mais il n'eut pas la joie de combattre : à peine en ligne, il fut frappé et tomba. Le bruit de l'action s'éteignit peu à peu, le soir descendit sur le champ de bataille ; les heures s'écoulèrent, vingt heures longues et glacées, où le silence n'était interrompu que par le râle des mourants ; vingt heures d'impuissance, pendant lesquelles le pauvre soldat sentait sa vie s'écouler avec le sang de sa blessure ; vingt heures d'agonie et de prière. Tout ce qu'il avait connu, tout ce qu'il avait aimé revenait à sa mémoire et à son cœur. Il parlait à Dieu de sa famille, de ses amis, de ses pauvres, de l'Eglise affligée, de la France abîmée dans le deuil. Son sang parlait plus haut encore que son gémissement, et je ne sais quel parfum de sacrifice s'élevait à Dieu de ce coin de terre habité par la mort. O Dieu, qui vous laissez toujours apaiser par les soupirs des humbles, pourquoi donc n'avez-vous pas exaucé ces supplications mêlées d'un sang si pur ?

____

(1) Incorporé d'abord dans le 37e de ligne, Francisque fut ensuite versé dans le 59e de marche.

Quelles prières exaucez-vous donc, si celles-là n'ont pu toucher votre cœur en faveur de notre malheureux pays? *Domine, quas preces audis, si has non exaudis?*

Mais le sacrifice n'était pas achevé. Le 17 au matin, on visita le théâtre de l'action. Francisque fut trouvé vivant encore, et on le rapporta à Morée. Comme l'hospice était ravagé par des maladies contagieuses, le pauvre blessé ne put y être admis, et ce fut dans une humble chambre d'auberge qu'il reçut les premiers soins. Bientôt, du reste, ces soins devinrent aussi affectueux, aussi dévoués que possible : en écoutant sa parole si calme et si pieuse, en voyant sur son visage affaibli tant de sérénité et de résignation, tout le monde comprenait que l'uniforme déchiré de ce soldat inconnu couvrait un cœur de saint et de héros. « Jamais, disait la bonne religieuse qui soignait Francisque, jamais je n'ai rencontré de malade comme celui-là ! » Il était non seulement calme, mais plein d'espérance, et il essayait de communiquer sa paix à tous, en particulier au digne religieux qui fut le dernier confident de ses pensées. « Voyez-vous, disait-il, je n'ai rien à craindre, je ne « puis pas mourir. Ma sœur prie pour moi tous les jours ; elle « a demandé ma guérison à la sainte Vierge : comment la sainte « Vierge ne l'obtiendrait-elle pas de son Fils ? » Pourtant le mal empirait, et après deux jours le malade lui-même, n'ayant plus d'illusions sur sa fin prochaine, renouvelait généreusement son sacrifice et ne songeait plus qu'à mourir. Mourir, mes Frères, ah ! que c'est une chose difficile partout et terrible toujours ! Mais mourir comme il est mort, à vingt-sept ans, vaincu et prisonnier, dans un lieu inconnu, loin de tous ceux que l'on aime ! mourir sans recevoir la bénédiction sacerdotale d'un frère tendrement aimé, sans pouvoir essuyer les larmes de ses sœurs, ni consoler son vieux père, ni serrer la main à ses amis en leur disant : Au revoir !... Ne le plaignons pas, mes Frères : Dieu est avec lui. Dieu qui suffit à combler tous les vides et qui sait donner aux âmes élues des joies dignes de son amour, Dieu veut non seulement consoler, mais enivrer de bonheur les derniers instants du pauvre soldat. Comme pour remplacer une famille absente et des frères d'armes dispersés, il amène autour de ce grabat la famille immortelle des saints et les légions qui ne peuvent plus être vaincues.

Lorsque, le 20 décembre au soir, le prêtre s'avança vers Francisque en portant le saint viatique : « Ah ! oui, s'écria le « cher malade, voici mon Dieu, il vient à moi ; je le vois, et il « n'est pas seul. Voici Marie, ma bonne Mère ; voici les anges, « et les apôtres, et les phalanges des martyrs. O mon Dieu, « comment vous recevrai-je ? O Marie, aidez-moi à bien accueil- « lir votre divin Fils ! O mon Dieu, que c'est beau ! quel « spectacle ! quelle magnifique procession ! quelle splendeur ! » Et quand, possédant la sainte Eucharistie, il fut entré en quel- que sorte dans la familiarité de Dieu, les ardeurs de son âme se répandirent en aspirations d'une sublime et touchante élo- quence. Aucune parole n'osait s'élever à côté de cette parole toute palpitante d'amour. Venu pour exhorter, le prêtre sentit qu'il n'avait plus rien à dire, et qu'il fallait laisser Dieu se ré- pandre par la bouche du soldat expirant. Que d'effusions admi- rables ! quels élans de tendresse et de reconnaissance ! Comme il se montrait victorieux de la douleur ! comme il souriait à la mort ! Il la traitait en amie, il lui fixait l'heure de sa venue : onze heures de la nuit. La mort fut exacte au rendez-vous, et les cantiques dont cette âme était pleine allèrent s'achever dans le ciel.

Cher et bienheureux ami ! je me souviens maintenant d'un mot que vous prononciez il y a quelques mois en conduisant votre mère bien-aimée vers cette demeure suprême où elle vous attend aujourd'hui. « Je pleure, disiez-vous, et pourtant au « fond de mon cœur je sens quelque chose de joyeux : je suis « si sûr que ma mère est au ciel ! » Ah ! devant le cercueil qui renferme tant de jeunesse, tant de promesses, tant d'avenir détruit dans sa fleur, je ne puis, malgré toutes nos larmes, m'empêcher de comprendre et de ressentir qu'il y a là pour nous moins de tristesses encore que d'espérances et de bénédictions.

Oui, cher Francisque, des espérances pour l'Eglise, pour la patrie, pour la ville de Lyon, ces causes sacrées qui se confondaient dans votre amour. Au milieu des maux et des hontes dont nous sommes les témoins, il nous suffira, pour reprendre courage, de nous rappeler votre nom et vos vertus. On ne saurait périr au lendemain du jour où de telles victimes se sont offertes au Seigneur !

Oui, des bénédictions douces et généreuses comme votre âme, des bénédictions sur votre famille tout entière, sur les cheveux blancs du père, sur les travaux courageux des frères, sur les œuvres charitables que poursuivent les sœurs, sur la tête innocente des petits enfants !

Des bénédictions sur vos œuvres, qui compteront dans le ciel un intercesseur de plus, et une prière incessante autant que dévouée.

Des bénédictions sur les frères de votre âme, sur ces cœurs aimés que vous souteniez naguère de votre exemple et de vos conseils, et que vous entraînerez maintenant par la vertu d'une amitié forte comme la mort, élevée comme le ciel.

Des bénédictions sur nous enfin, qui avons été les gardiens de votre adolescence et les amis de votre jeunesse. Si jamais, en présence des orages de ce temps et des périls de la patrie, nous avions pu hésiter sur l'idéal à poursuivre, aucun doute désormais ne nous serait plus permis en présence de ce cercueil. Nous avons à former, pour l'Eglise et pour la France, des générations de jeunes hommes modestes, laborieux, purs, aimables, dévoués à tout ce qui est grand et bon, fidèles au devoir jusqu'à l'héroïsme, capables en un mot de continuer votre vie et dignes d'une mort semblable à votre mort.

ÉLOGE FUNÈBRE

DE

FRANCISQUE BAUDRAND

Licencié en droit, caporal au 59ᵉ de marche, mort au champ d'honneur

PRONONCÉ AU CIMETIÈRE DE LOYASSE

Le 11 avril 1871

PAR

M. H. HIGNARD

PROFESSEUR A LA FACULTÉ DES LETTRES DE LYON
ET PRÉSIDENT DU CERCLE OZANAM

—————⊹⟩⟩✗⟨⟨⊹—————

LYON

IMPRIMERIE DE FÉLIX GIRARD
Rue Saint-Dominique, 13

—

1871

Après les paroles émues et émouvantes que vous avez enten-
dues tout à l'heure pendant la cérémonie religieuse, il semble
que les amis de Francisque Baudrand n'aient plus qu'à unir
leurs prières à celles de l'Eglise, à se taire et à pleurer. Quel
honneur que d'avoir été loué ainsi du haut de la chaire chrétienne ! et que pourrions-nous ajouter à ces éloges d'une voix
si autorisée? On me dit cependant que le cercle Ozanam ne
doit pas laisser fermer cette tombe sans y verser avec nos larmes quelques paroles d'adieu. Francisque Baudrand n'était
pas seulement un de ses membres, mais un de ses fondateurs,
un de ses administrateurs ; il lui a donné une part considérable
de son cœur et de son âme pendant la dernière année de cette
vie dont nous étions bien loin de prévoir le terme si prochain.
Voyant là une œuvre utile et féconde, il s'y était porté avec
cette sorte de fougue qu'il puisait dans son amour passionné

pour le bien, et il avait contribué pour une large part à la réaliser en dépit des difficultés inhérentes à toute fondation nouvelle. Lui qui d'ordinaire, on vous le disait tout à l'heure, fuyait le monde et les sociétés nombreuses, on le voyait assidu à nos réunions. Il les animait par sa gaîté, par son esprit sans apprêt, par son goût vif et délicat pour tout ce qui est bon et beau. Membre de notre conseil d'administration, il y montrait des qualités qui lui auraient assuré la première place si son extrême modestie ne se fût constamment réfugiée dans la dernière. Tous l'aimaient ; et comment ne l'aurait-on pas aimé ? Mais en présence de tant de vertus, de tant de dévouement, on passait vite avec lui de l'amitié au respect et même à l'admiration. Voilà le secret de ces belles funérailles. Voilà pourquoi ce jeune homme modeste, qui n'avait ni le prestige d'un grand nom, ni celui d'une grande fortune ou d'une haute position sociale, ni même ce prestige moins rare que donnent les cheveux blancs et les œuvres achevées, tant d'amis se sont fait un devoir d'honorer ses restes, et se pressent autour de sa tombe.

Je ne vous redirai pas cette vie si courte et si bien remplie. On vient de vous la raconter ; les larmes coulaient de tous les yeux, et montraient assez combien chaque trait pénétrait profondément dans les cœurs. Du reste, elle avait déjà été esquissée. Dès que le bruit se fut répandu que Francisque Baudrand nous était enlevé, un de ceux qui l'avaient le mieux connu, le mieux apprécié, parce qu'il l'avait vu chaque jour à l'œuvre, crut utile de conserver et de propager le souvenir de tant de beaux exemples. Cette courte et touchante notice, insérée d'abord dans un journal de notre ville, fut reproduite par d'autres ; et dans ce public distrait, indifférent, occupé de tant d'autres soucis, beaucoup se prirent d'admiration et de regret pour ce jeune homme inconnu la veille. On se redit avec émotion cette existence modeste et féconde, où les devoirs d'état ne connaissaient d'autre récréation, d'autre distraction que les œuvres de la charité ! On se redit surtout cette fin si calme et si pieuse, ces souffrances si courageusement supportées, cette agonie du champ de bataille, pendant plus de trente heures, sur la neige arrosée de sang, enfin cette mort si belle, toute semblable à la mort des élus.

Si j'ajoute quelques traits à ces tableaux, c'est pour exprimer une pensée que l'orateur sacré n'a pas osé hasarder, bien qu'elle fût évidemment dans son esprit, et on peut dire même sur ses lèvres. Le caractère dont il est revêtu lui imposait une réserve et une prudence qui oblige moins un laïque. Ce qu'il vous eût dit s'il eût pu aller jusqu'au bout de sa pensée, c'est que la vie et la mort de Francisque Baudrand sont la vie et la mort d'un apôtre et d'un martyr. Apôtre, il l'a été dans toute sa vie. On vous l'a raconté, et beaucoup d'entre vous l'avaient vu de leurs yeux : quand il allait visiter les pauvres dans leurs greniers, consoler les malades sur leur lit de douleur, amuser et instruire des enfants abandonnés, il n'obéissait pas seulement à un sentiment de philanthropie, sa charité ne s'adressait pas seulement aux corps, ni même aux intelligences; c'est aux âmes qu'elle voulait être utile, en y déposant quelques uns de ces germes qui les transforment et les sauvent. Apôtre, il l'a été dans sa mort : non point parce qu'il édifiait les religieuses qui le soignaient, et jusqu'à ce prêtre, on vous l'a dit, qui se taisait devant lui, jugeant inutile de l'exhorter à bien mourir, et attendant bien plutôt une exhortation pour lui-même de ces lèvres déjà glacées. Non, Francisque Baudrand a exercé en mourant un apostolat plus efficace : il mourait dans une ambulance protestante ; dans plus d'une de ces âmes imbues de préjugés et de défiance, sans nul doute sa patience, sa résignation, l'élan de sa foi et de son espérance, la sérénité radieuse de ses derniers moments, ont laissé, comme un trait qui n'en sera plus arraché, le désir de connaître mieux cette religion où l'on sait ainsi aimer Dieu et ses frères, où l'on sait ainsi mourir.

Et cette mort n'est-elle pas celle d'un martyr? Francisque Baudrand mérite ce nom glorieux par ses souffrances si pieusement acceptées, par la plénitude de son sacrifice, par l'offrande faite à Dieu de sa vie; mais il le mérite surtout parce que, dans sa pensée, en mourant pour la France, il mourait pour Dieu et pour l'Eglise. Il était de ceux qui pensent que ces deux grandes causes sont indissolublement liées. Le sang qu'il versait pour l'une, il croyait, il voulait le verser aussi pour l'autre; il s'est immolé à ce double amour.

Aussi, Messieurs, tout à l'heure, en vous parlant de ces restes vénérés, j'étais tenté de les appeler des reliques. Sur cette tombe, les prières par lesquelles l'Eglise implore la miséricorde de Dieu semblent inutiles. On est tenté d'y substituer ce chant d'allégresse qu'elle entonne à la mort des petits enfants : *Laudate, pueri, Dominum.* Francisque Baudrand était de ceux pour qui « le ciel est fait, » suivant la parole du divin Maître, « parce qu'ils ressemblent aux petits enfants. » Homme par la vertu et par le caractère, il avait de l'enfant l'innocence virginale, la simplicité, l'absence d'arrière-pensée et de calcul personnel, l'oubli et le don de soi-même. Sa mort prématurée rappelle ce vers d'un poëte chrétien qui, parlant des petits enfants martyrisés par les bourreaux de Dioclétien, les appelle « des fruits à peine éclos déjà mûrs pour les cieux. »

Oui, mon cher Baudrand, vous étiez mûr pour le ciel. Du haut de ces demeures bienheureuses où votre vie si pure, où

votre mort si chrétienne, où les prières, les sacrifices, les in-
dulgences de l'Eglise vous ont, nous le croyons, ouvert un chemin rapide, sans vous laisser languir dans les épreuves de
l'épuration ; du haut de ce ciel où vous jouissez maintenant de
celui que vous avez tant aimé, et où il couronne votre foi,
votre dévouement, votre sacrifice, jetez encore les yeux ici-bas
sur ceux qui vous aimaient et qui maintenant vous pleurent ;
obtenez-leur par votre intercession la grâce de vivre et de
mourir comme vous.

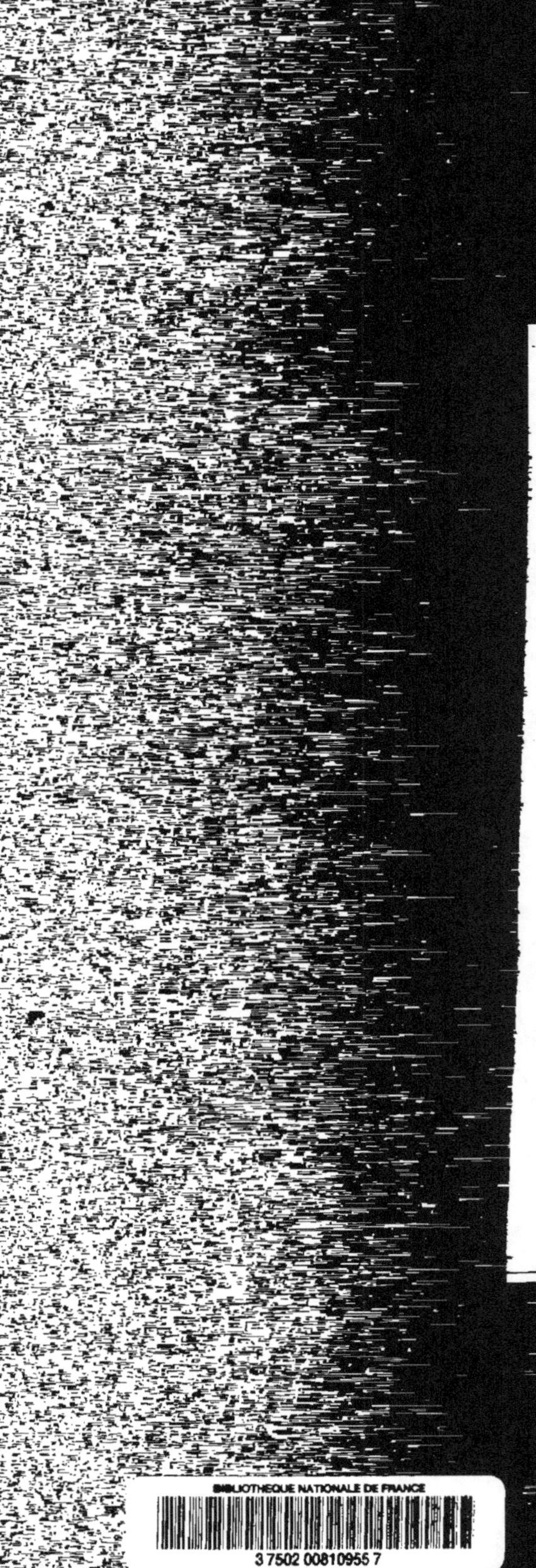